# RITUAL DEL GRADO DE MAESTRO

# RITO MODERNO O FRANCÉS

## RITUAL DE REFERENCIA

2023

# Prólogo

La presente obra es el fruto de varios años de investigación, durante los cuales he aprendido acerca de la evolución constante de la Francmasonería mundial, quiero agradecer especialmente a los QQ∴HH∴ de la R∴L∴S∴ Mictlan del Oriente de Saltillo, Coahuila México por su apoyo.

**M∴M∴ Aldo Alcorta Flores**

Tapiz del grado de Maestro en rito moderno o francés.

# ADVERTENCIA

En una Tenida celebrada en tercer grado, el Oficial que preside recibe la denominación de Muy Respetable, y cada uno de los restantes Hermanos tiene el título de Venerable Maestro.

No es necesario que los Maestros se cubran la cabeza para trabajar en su grado.

Una Tenida en Grado de Maestro requiere una decoración particular: o bien se reserva un Templo particular para dichas tenidas o, si sólo hay un Templo, después de la Tenida en grado inferior, éste es puesto en conformidad con lo exigido para el grado de Maestro.

Los trabajos que pueden integrar el orden del día son:

1.- Examen de los candidatos para los que ya existe un voto favorable en Tenida de Compañero y voto sobre su admisión definitiva.

2.- Elevación al tercer grado.

3.- Planchas de arquitectura.

4.- Tenida de Consejo de Familia. Este Consejo es el encargado de conciliar las diferencias que puedan existir entre los Hermanos.

5.- Deliberación a los efectos de proponer a algunos Maestros para formar parte de un Taller de Perfección.

# DISPOSICIÓN Y DECORACIÓN DEL TEMPLO

El Templo o lugar en el que se celebran los trabajos en el grado de Maestro se denomina Cámara del Medio. La parte que corresponde al Oriente recibe el nombre de Debhir. El resto del Templo lleva el nombre de Hikal.

Si el Templo sirve únicamente para las Tenidas de Maestros, las paredes estarán pintadas o tapizadas en color negro, con lagrimas blancas y emblemas fúnebres también en blanco o en rojo. Las paredes del Debhir estarán pintadas en azul y realzadas en oro.

Si el mismo Templo sirve tanto para los trabajos de los dos primeros grados como para los del tercero, es conveniente que los muros de la parte rectangular, lo que llamamos Hikal, estén cubiertos por telas negras con emblemas fúnebres.

En ambos casos, durante la primera parte de la ceremonia de exaltación, el Debhir debe estar separado del Hikal por una fina tela negra, móvil y corredera a modo de cortina.

Durante la primera parte de la exaltación, no debe haber en el Hikal más luz que la colocada sobre las mesas de los dos Vigilantes, que estarán colocadas de manera tal que únicamente sirvan para iluminar los rituales. Conviene también disponer de dos velones verdes ardiendo a cada lado de las escaleras que suben al Debhir. Por el contrario, el Debhir debe estar iluminado con intensidad, para aparecer resplandeciente una vez que la cortina de separación es retirada en el curso de la ceremonia de exaltación al grado de Maestro. de Para la ceremonia, es necesario colocar en el medio del Hikal un cenotafio de dimensiones reducidas, cubierto con una tela negra. En el cenotafio se coloca un esqueleto humano o, al menos, un cráneo, o un Maestro que representa el papel de Hiram. Sobre la tela negra se emplaza una rama de acacia natural o artificial, con hojas, pero sin flores. Para la apertura de los trabajos y hasta el momento en que dé comienzo la Ceremonia de exaltación a la Maestría, la cortina destinada a aislar el Debhir permanecerá completamente recogida

# APERTURA DE LOS TRABAJOS

Una vez reunidos los miembros de la Logia en posesión del grado de Maestro en la Cámara del Medio, el Muy Respetable se viste e invita a los Hermanos a colocarse en su sitio y a vestir asimismo sus propias insignias; se asegura igualmente que los Oficiales indispensables están en sus puestos o los hace reemplazar. Para la apertura de los Trabajos son necesarios siete maestros.

### EL MUY RESPETABLE

*El Muy Respetable da un golpe de mallete*

*repetido por el Primer Vigilante*

*luego por el Segundo Vigilante*

### EL MUY RESPETABLE

Venerable Maestro Primer Vigilante, ¿eres Maestro?

### EL PRIMER VIGILANTE

Conozco la acacia, Muy Respetable.

### EL MUY RESPETABLE

Venerable Maestro Segundo Vigilante, ¿qué edad tienes?

### EL SEGUNDO VIGILANTE

Siete años y más, Muy Respetable

### EL MUY RESPETABLE

Venerable Maestro Primer Vigilante, ¿cuál es el primer deber de un Vigilante en la Cámara del Medio?

### EL PRIMER VIGILANTE

Muy Respetable, es asegurarse de que el Templo está cubierto.

### EL MUY RESPETABLE

Venerable Maestro Cubridor, asegúrate de que el Templo está cubierto.

### EL CUBRIDOR

Muy Respetable, el Templo está cubierto.

### EL MUY RESPETABLE

Venerable Maestro Segundo Vigilante, ¿cuál es el segundo deber de un Vigilante en la Cámara del Medio?

### EL SEGUNDO VIGILANTE

Muy Respetable, es asegurarse de que todos los Hermanos presentes sobre las columnas son Maestros Masones, miembros de este Taller o visitantes conocidos.

### EL MUY RESPETABLE

¡En pie y al Orden! Venerables Maestros Primer y Segundo Vigilantes, aseguraos de que todos los Hermanos que decoran vuestras columnas respectivas son Maestros Masones, miembros de este Taller o visitantes conocidos.

*Los dos Venerables Maestros Vigilantes recorren sus columnas mallete en mano, como en grado de Aprendiz.*

### EL SEGUNDO VIGILANTE

Venerable Maestro Primer Vigilante, los Venerables Maestros que decoran la columna del Norte son Maestros Masones, miembros del Taller o visitantes conocidos.

### EL PRIMER VIGILANTE

Muy Respetable, los Venerables Maestros que decoran ambas columnas son Maestros Masones, miembros del Taller o visitantes conocidos.

### EL MUY RESPETABLE

Sucede otro tanto en el Debhir.

*El Muy Respetable da lectura al artículo 1 de la Constitución si la Tenida no ha sido precedida por otra, en otro grado:*

### EL MUY RESPETABLE

*"La Francmasonería, institución esencialmente filantrópica, filosófica y progresiva, la Francmasonería tiene por objeto la búsqueda de la verdad, el estudio de la moral y la práctica de la solidaridad.*

*Trabaja por la mejora material y moral, y por el perfeccionamiento intelectual y social de la Humanidad.*

*Tiene por principios la tolerancia mutua, el respeto de los otros y de sí mismo, y la libertad absoluta de conciencia.*

*Considerando las concepciones metafísicas como pertenecientes al ámbito exclusivo de la apreciación individual de sus miembros, se niega a efectuar cualquier afirmación dogmática.*

*Otorga una importancia fundamental a la Laicidad.*

*La Francmasonería tiene por divisa: Libertad, Igualdad, Fraternidad".*

Venerable Maestro Primer Vigilante, ¿a qué hora abren los Maestros sus trabajos?

### EL PRIMER VIGILANTE

A mediodía, Muy Respetable.

### EL MUY RESPETABLE

Y, ¿qué hora es, Venerable Maestro Segundo Vigilante?

### EL SEGUNDO VIGILANTE

Es Mediodía, Muy Respetable.

### EL MUY RESPETABLE

Puesto que es la hora a la que los Maestros Masones acostumbran a abrir sus trabajos, Venerables Maestros Primer y Segundo Vigilantes, invitad a los Venerables

Maestros que decoran vuestras columnas respectivas, igual que yo hago con los que se sientan en el Debhir, a unirse a vosotros y a mí para abrir los trabajos en Cámara del Medio de la Respetable Logia ..., al Oriente de...

### EL PRIMER VIGILANTE

Venerable Maestro Segundo Vigilante, Venerables Maestros que decoran la columna del Mediodía, están invitados por el Muy Respetable y por mí a unirse a nosotros para abrir los trabajos en Cámara del Medio de la Respetable Logia ..., al Oriente de...

### EL SEGUNDO VIGILANTE

Venerables Maestros que decoran la columna del Norte, están invitados por el Muy Respetable, por el Venerable Maestro Primer Vigilante y por mí, a unirse a nosotros para abrir los trabajos en Cámara del Medio de la Respetable Logia ..., al Oriente de...

### EL MUY RESPETABLE

*El Muy Respetable da tres veces tres golpes de mallete:*

*repetidos por el Primer Vigilante y luego por el Segundo Vigilante.*

### EL MUY RESPETABLE

Venerable Maestro de Ceremonias, Venerable Maestro Gran Experto y Venerable Maestro de la Columna de Armonía, cumplid con vuestros Oficios para conferir a esta Cámara del Medio su regularidad.

*El Maestro de Ceremonias procede al encendido de las velas en tercer grado y a colocar el tapiz de Logia, si ha lugar; el Gran Experto coloca el compás por encima de la escuadra, sobre el libro de la Constitución, sobre el altar de los juramentos..*

*Hecho esto:*

A mí, Venerables Maestros, por el signo ordinario, el signo de horror, la batería y la aclamación:

**¡Libertad - Igualdad - Fraternidad!**

Los trabajos en Cámara del Medio están abiertos, tomad asiento, Venerables Maestros.

## LECTURA DEL ACTA

### EL MUY RESPETABLE

Venerable Maestro Secretario, da lectura, por favor, al trazado de los últimos trabajos.

*Acabada la lectura,*

*el Muy Respetable da un golpe con el mallete*

Venerables Maestros, si tenéis observaciones que hacer sobre el trazado que se os acaba de leer, la palabra, previa petición, os será concedida..

Todo Maestro de cualquiera de las columnas que quiera pedir la palabra, debe levantarse, dar una palmada y tender una de las manos hacia el Vigilante de su columna. Todo Hermano que se siente en el Debhir debe pedir la palabra de la misma forma al Muy Respetable. El Venerable Maestro Vigilante al que se le pide la palabra, informa al Muy Respetable tras dar un golpe con el mallete y no la otorga sino una vez ha recibido autorización del Muy Respetable. Si se producen observaciones con la finalidad de modificar el acta se discuten si ha lugar; y se decide por mayoría de votos, tras las conclusiones del Orador.

*Si no hay observaciones o si éstas han sido resueltas:*

### EL PRIMER VIGILANTE

*El Primer Vigilante da un golpe con el mallete*

Muy Respetable, las columnas están mudas.

### EL MUY RESPETABLE

Venerable Maestro Orador ¿quieres darnos tus conclusiones?

**EL ORADOR**

Muy Respetable, mis conclusiones son favorables (o desfavorables, o contrarias) a la adopción del trazado (con o sin las rectificaciones).

**EL MUY RESPETABLE**

Someto a votación las conclusiones del Venerable Maestro Orador. Que quienes estén de acuerdo con la adopción de las mismas así lo manifiesten levantando la mano a mi golpe de mallete.

*El Muy Respetable da un golpe con el mallete* 

Que aquellos que estén en contra lo manifiesten de la misma forma.

*El Muy Respetable da un golpe con el mallete* 

Las conclusiones del Orador son aprobadas (o rechazadas).

# INTRODUCCIÓN DE DELEGACIONES

*La recepción, tanto de visitantes aislados como de delegaciones de un Taller o de Dignatarios se hará como en primer grado, y únicamente si no ha tenido ya lugar en un grado diferente. En otro caso, permanecerán en la Cámara del Medio para la apertura de los Trabajos.*

# EXAMEN DE COMPAÑERO
# A LA MAESTRÍA

Es deseable que en el examen del Compañero, no sea visible ningún ornamento de la Cámara del Medio, para que sólo los conozca durante su aumento de salario.
Si hay varios candidatos, emplear el plural.

**EL MUY RESPETABLE**

*El Muy Respetable da un golpe con el mallete*

Venerables Maestros, en nuestra Tenida del día... en segundo grado, el Compañero *N*..., fue juzgado digno de un aumento de salario.

Si no se plantea ninguna oposición contra esta candidatura, será introducido en el templo a fin de que, después de haberle interrogado, podamos decidir si merece, por su instrucción, ser promovido al grado de Maestro.

Si hay oposición se discute y el Taller decide. Este procedimiento se lleva a cabo tantas veces como candidatos haya.

Venerable Maestro de Ceremonias y Venerable Maestro Gran Experto,

id a buscar y haced entrar en segundo grado, al Compañero que solicita un aumento de salario; deberás tener la precaución de retejarle en su grado.

## INTRODUCCIÓN DEL CANDIDATO

*El Compañero, vestido con el mandil con la baveta bajada, es llevado a la puerta del Templo, donde golpea en su grado.*

### EL PRIMER VIGILANTE

*El Primer Vigilante da un golpe con el mallete*

Muy Respetable, llaman a la puerta en el grado de Compañero.

### EL MUY RESPETABLE

Venerable Maestro Segundo Vigilante, ved quien llama así.

### EL SEGUNDO VIGILANTE

Es el Hermano *N*..., que pide pasar su examen para alcanzar la Maestría.

### EL MUY RESPETABLE

Venerable Maestro Cubridor, hazle entrar.

*El Cubridor abre la puerta. El Maestro de Ceremonias y el Gran Experto
introducen al candidato. Éste hace los cinco pasos de compañero en Rito
Francés, saluda con su señal al Segundo Vigilante, al Primer Vigilante, y
al Muy Respetable y se mantiene al Orden entre las Columnas.*
*Esta operación se repite tantas veces como Compañeros haya. En ese caso,
se empleará el plural para la ceremonia.*

# EXAMEN

### EL MUY RESPETABLE

Compañero, no debemos acordar vuestro aumento de salario sino una vez que nos hayamos asegurado de que poseéis los conocimientos masónicos de vuestro grado actual, de la Constitución y del Reglamento General del *(Nombre de la organización masónica).*

*El Muy Respetable pregunta al candidato sobre su instrucción en el grado de
Compañero. El Orador ha de preguntarle también sobre la Constitución y el
Reglamento General.*

*Tras el interrogatorio:*

Compañero *N...,* saldréis en este momento del templo para que los Maestros puedan apreciar vuestras respuestas.

Venerable Maestro de Ceremonias, conducid al candidato.

*Cuando el candidato ha salido del Templo,*

*el Muy Respetable da un golpe con el mallete* 

Venerables Maestros ¿tenéis alguna observación que presentar sobre las respuestas dadas por el Compañero?

*Una vez cerrada la discusión:*

Venerable Maestro Orador ¿queréis darnos vuestras conclusiones sobre el aumento de grado del Compañero *N...* a la Maestría?

*Una vez que el Orador ha dado sus conclusiones, favorables (o
desfavorables), se procede a la votación:*

### EL MUY RESPETABLE

Someto a votación las conclusiones del Venerable Maestro Orador.

Venerables Maestros, que aquellos que estén de acuerdo,

lo manifiesten levantando la mano a mi golpe de mallete.

*El Muy Respetable da un golpe con el mallete*

¿En contra?

*El Muy Respetable da un golpe con el mallete*

El aumento de salario ha sido acordado y el Compañero *N…* va a ser iniciado en el grado de Maestro, en el transcurso de una próxima Tenida.

*Este procedimiento se repite tantas veces como Compañeros haya.*

## EL MUY RESPETABLE

Venerable Maestro de Ceremonias y Venerable Maestro Gran Experto, id a buscar a nuestro Hermano Compañero y hacedle entrar en el templo, directamente entre columnas.

*Una vez hecho:*

Hermano Compañero, tengo la satisfacción y la alegría de informaros de que los Hermanos Maestros de esta Logia, reunidos en la Cámara de en Medio, han decidido aumentar vuestro grado al de Maestro.

Venerable Maestro de Ceremonias conducid al candidato.

# CEREMONIA DE EXALTACIÓN AL GRADO DE MAESTRO

El Muy Respetable deja al Taller en recreación el tiempo necesario para colocar la decoración indispensable para la elevación al grado de Maestro, si ha lugar (Tenida previa en un grado diferente). Es deseable que la elevación se desarrolle en una Tenida distinta a la del examen. En ese caso, la preparación ya está hecha y no se precisa suspender los trabajos.

### EL MUY RESPETABLE

A mi golpe de mallete, los trabajos en el grado de Maestro se suspenderán. Venerable Maestro de Ceremonias y Venerable Maestro Gran Experto, haceos ayudar para instalar el Taller.

*El Muy Respetable da un golpe con el mallete* 

La cortina destinada a asilar el Debhir del Hikal se despliega. Según los medios a disposición de la Logia, se coloca la decoración de las paredes y se cubren las mesas con tela negra. Todas las luces se apagan a excepción del Delta luminoso. Las mesas podrán conservar una débil luz que permita únicamente la lectura de los rituales.

A falta de un esqueleto, después del asesinato, se colocará un cráneo, o un Maestro que desempeñe el papel de Hiram, en el ataúd y todo ello se cubrirá con un paño negro, sobre el que se deposita un ramo de acacia. El impetrante estará entonces cara al Occidente.

*Cuando el Templo está decorado, el Muy Respetable da un golpe con el mallete*

Venerables Maestros, los trabajos de la Cámara del Medio retoman fuerza y vigor.

Venerables Maestros, vamos a proceder a la elevación Maestría. Os ruego que observéis el mayor silencio posible durante la ceremonia.

Venerable Maestro Gran Experto, id a buscar al Compañero cuya elevación a Maestro ha sido decidida e introducidlo en el Templo.

*El Gran Experto hace llamar a la puerta en grado de Compañero*

### EL CUBRIDOR

Llaman a la puerta del Templo en el grado de Compañero.

### EL PRIMER VIGILANTE

Muy Respetable, llaman a la puerta del Taller en el grado de Compañero.

*El Cubridor entreabre la puerta del templo de tal forma que el Compañero pueda escuchar el diálogo.*

### EL MUY RESPETABLE

Venerable Maestro Primer Vigilante, informaos ¿Quién es el obrero que llama como Compañero a la puerta de los Maestros y que viene a perturbar su duelo?

### EL PRIMER VIGILANTE

Venerable Maestro Cubridor, ¿quién es el obrero que llama como compañero a la puerta de los Maestros?

### EL CUBRIDOR

¿Quién es el obrero que llama como compañero a la puerta de los maestros?

### EL GRAN EXPERTO

Es un Compañero que ha terminado su tiempo como tal; que por la vía de la votación habéis juzgado digno de pasar al tercer grado simbólico y que pide conocer sus misterios.

### EL CUBRIDOR

Es un Compañero que ha terminado su tiempo como tal; que por la vía de la votación habéis juzgado digno de pasar al tercer grado simbólico y que pide conocer sus misterios.

### EL PRIMER VIGILANTE

Muy Respetable, es un Compañero que ha terminado su tiempo como tal; que por la vía de la votación habéis juzgado digno de pasar al tercer grado simbólico y que pide conocer sus misterios.

### EL MUY RESPETABLE

Comprobad su nombre, su edad masónica, dónde ha trabajado y en qué.

### EL PRIMER VIGILANTE

¿Cómo se llama? ¿Cuál es su edad masónica? ¿En qué ha trabajado?

¿dónde?

### EL CUBRIDOR

¿Cómo se llama? ¿Cuál es su edad masónica? ¿En qué ha trabajado?

¿dónde?

### EL GRAN EXPERTO

Es el Hermano *N*... tiene cinco años; y ha trabajado sobre la piedra pulida y preparado las herramientas.

### EL CUBRIDOR

Es el Hermano *N*...; tiene cinco años; y ha trabajado sobre la piedra pulida y preparado las herramientas.

### EL PRIMER VIGILANTE

Muy Respetable, es el Hermano *N*...; tiene cinco años;

y ha trabajado sobre la piedra pulida y preparado las herramientas.

### EL MUY RESPETABLE

Preguntadle si se siente preparado para cumplir con las obligaciones de un Maestro Masón y si ha respetado las promesas con las que previamente se había obligado.

### EL PRIMER VIGILANTE

Preguntadle si se siente preparado para cumplir con las obligaciones de un Maestro Masón y si ha respetado las promesas con las que previamente se había obligado.

### EL CUBRIDOR

Venerable Maestro Gran Experto, ¿el compañero está preparado para cumplir con las obligaciones de un Maestro Masón y ha respetado las promesas o juramentos con las que previamente se había obligado?

### EL GRAN EXPERTO

El Hermano *N...* está preparado para cumplir con las obligaciones y deberes que corresponden a un Maestro Masón y sí ha respetado la promesa en su día dada.

### EL CUBRIDOR

Venerable Maestro Primer Vigilante, el Hermano *N...* está preparado para cumplir con las obligaciones y deberes que corresponden a un Maestro Masón y sí ha respetado la promesa en su día dada.

### EL PRIMER VIGILANTE

Muy Respetable, el Hermano *N...* está preparado para cumplir con las obligaciones y deberes que corresponden a un Maestro Masón y sí ha respetado la promesa en su día dada.

### EL MUY RESPETABLE

Venerable Maestro de Ceremonias, id a uniros al Venerable Maestro Gran Experto y, juntos, haréis entrar al Compañero de la manera acostumbrada.

*La orden se ejecuta: se abren las puertas, el recipiendario es introducido en el Templo a empujones, colocado entre las columnas, de espalda al Debhir y siempre asistido por el Gran Experto y el Maestro de Ceremonias. Una vez cerradas las puertas del Templo:*

## ♫ Columna de Armonía

### EL MUY RESPETABLE

Venerable Maestro Primer Vigilante, tú que tienes el deber de instruir a los Compañeros, conoces bien al Compañero aquí presente; infórmanos y danos tu parecer sobre cuál ha sido su comportamiento.

### EL PRIMER VIGILANTE

Muy Respetable, pido que sea el Venerable Maestro de Ceremonias quien os informe en voz baja sobre mi parecer.

### EL MUY RESPETABLE

Hacedlo así, conforme a vuestro deseo.

*El Maestro de Ceremonias se dirige al puesto del Primer Vigilante y recoge las confidencias de éste. Posteriormente, se dirige muy lentamente hacia el Debhir, y, tras haber levantado la cortina negra, informa al Muy Respetable sobre los temores del Primer Vigilante. Luego regresa de la misma forma al lugar que ocupaba junto al recipiendario.*

Compañero, eres sospechoso de haber participado en la comisión de

una falta muy grave. Venerable Maestro Gran Experto, comprobad que el mandil y los guantes del Compañero no presentan señales sospechosas.

*Una vez hecho:*

<u>EL GRAN EXPERTO</u>

Muy Respetable, el mandil y los guantes del Compañero conservan su pureza original.

<u>EL MUY RESPETABLE</u>

Venerable Maestro Gran Experto, haced que el Compañero se dé la vuelta; que pueda ver a qué consecuencias nos puede llevar el olvido de nuestras obligaciones.

*Tras una PAUSA:*

Compañero, todo aquí te anuncia el duelo y la tristeza: eres sospechoso de haber participado en la pérfida insidia de los malos Compañeros.

Compañero, danos la prueba de que no has participado en este crimen. Si no has sido cómplice de los asesinos acércate al cenotafio.

Venerable Maestro Gran Experto, cumplid con vuestro oficio.

*El Gran Experto, ayudado por el Maestro de Ceremonias hace avanzar al recipiendario con la marcha del Aprendiz, luego con la de Compañero, lo que le conducirá a la cabeza del cenotafio, luego, manteniéndose al Orden de Compañero, le harán pasar por encima del mismo extendiendo primero la pierna derecha en un solo paso, para dar luego otro paso idéntico con la pierna izquierda de forma tal que, al finalizar este paso, el Compañero quede a los pies del ataúd. (En Rito Francés, los pasos se ejecutan siempre comenzando por el pie derecho).*

*Si son varios los Compañeros, se hará la operación tantas veces como resulte necesario para que todos los Compañeros puedan realizar esta marcha.*

<u>EL MUY RESPETABLE</u>

Venerable Maestro Gran Experto, ¿no has notado nada sospechoso durante la marcha del Compañero?

<u>EL GRAN EXPERTO</u>

No, Muy Respetable, su paso ha sido firme y seguro.

**EL MUY RESPETABLE**

Tengo en cuenta vuestra afirmación.

Venerable Maestro Primer Vigilante, ¿qué pedís para el Compañero?

**EL PRIMER VIGILANTE**

Muy Respetable, que se reúna con nosotros entre la escuadra y el compás.

**EL MUY RESPETABLE**

Se hará según vuestro deseo.

Venerable Maestro Gran Experto, conducir al recipiendario al lugar que le ha sido reservado.

*El Gran Experto lleva al recipiendario ante el cenotafio, donde quedará de pie de forma tal que permita luego realizar las rotaciones en torno al mismo.*

La solemnidad fúnebre que puedes apreciar, conmemora el final trágico de un gran arquitecto que, según una leyenda aceptada por la universalidad de los Francmasones por su elevado simbolismo, habría sido el precursor de la francmasonería. Según una tradición transmitida oralmente a lo largo de los siglos, Hiram Abi, célebre arquitecto y escultor, fue enviado al rey Salomón por Hiram, rey de Tiro, para dirigir los trabajos del Templo de Jerusalén.

Hiram Abi tenía a sus órdenes un número considerable de obreros que dividió en tres categorías: Aprendices, Compañeros y Maestros; les facilitó, para que pudieran reconocerse, palabras signos y toques propios para cada categoría que, con la excepción de la palabra sagrada y del signo de los Maestros, son los mismos que utilizamos en nuestros días.

Los Aprendices recibían su salario ante la columna J, los compañeros ante la columna B y los Maestros en la Cámara del Medio; pero la paga no era entregada por quienes en el Templo tenían tal responsabilidad sino cuando cada uno había sido escrupulosamente retejado y reconocido en su grado.

Tres malos Compañeros, viendo que se acercaba el final de la construcción del Templo sin haber alcanzado la Maestría, se conjuraron para sorprender mediante la astucia, arrancar con amenazas u obtener del Maestro Hiram por la fuerza las palabras, signos y toques de Maestro. Estos tres malos Compañeros saben que Hiram inspecciona cada tarde los trabajos una vez que todos los obreros se han retirado; escogen ese momento para emboscarle, aguardando cada uno en cada una de las tres puertas del Templo.

*Tres miembros de la Cámara del Medio, vestidos con el mandil de Compañero, se colocan: a.- el primero armado con una regla en el Occidente.*
*b.- el segundo armado con una escuadra en el Norte.*
*c.- el tercero armado con un mallete a la entrada del Debhir.*

*Al mismo tiempo, el Maestro que representa a Hiram –que se encuentra en el Debhir, tras la cortina- se prepara para salir una vez que el Muy Respetable diga:*

### EL MUY RESPETABLE

Hiram, terminada la visita, se dirige para salir por la puerta de Occidente.

*El Maestro que representa a Hiram sale del Debhir y se dirige hacia Occidente. Cerca de esta puerta se da cuenta de que está el primer Compañero que le cierra el paso. Se para y le dice:*

### HIRAM

¿Qué quieres? ¿Por qué no has seguido
a los otros Compañeros?

### EL PRIMER COMPAÑERO

Hace mucho tiempo que soy Compañero.
Quiero ser Maestro como tú
¡Dame las palabras, el signo y el toque de Maestro!

### HIRAM

Te las daré cuando el Consejo de Maestros así lo decida.

### EL PRIMER COMPAÑERO

¡Las quiero ya!

### HIRAM

¡No! Esperarás a la reunión de los Maestros.

*El primer Compañero asesta con la regla un golpe en la cabeza de Hiram: El gesto defensivo de éste lo desvía, recibiendo el impacto el hombro del Maestro que parece sufrir la consecuencia de una grave herida.*

### EL MUY RESPETABLE

Herido, Hiram va hacia la puerta del Norte para intentar salir del Templo.

*Hiram se dirige hacia la puerta del Norte; allí encuentra al segundo Compañero armado con una escuadra y cerrándole el paso.*

### EL SEGUNDO COMPAÑERO

Hace ya tiempo que soy Compañero y quiero ser Maestro como tú

¡Dame las palabras, el signo y el toque de Maestro!

### HIRAM

Serás recibido entre los Maestros el día en que se honren la traición y el crimen.

*El segundo Compañero golpea en la nuca a Hiram con la escuadra.*

### EL MUY RESPETABLE

Debilitado por sus heridas, Hiram busca todavía una salida por la puerta de Oriente.

*Hiram se dirige tambaleándose hacia el Debhir: allí encuentra al tercer Compañero, armado con un mallete, que le cierra el paso. Se detiene y se apoya.*

### EL TERCER COMPAÑERO

Hace ya tiempo que soy Compañero y quiero ser Maestro como tú.

Dame las palabras, el signo y el toque de Maestro.

### HIRAM

Antes prefiero la muerte que violar el secreto que se me ha confiado.

Puedes matarme, pero me harás traicionar mi juramento.

*El tercer Compañero asesta un golpe con el mallete sobre la cabeza de Hiram, que cae a sus pies.*

### EL MUY RESPETABLE

Para esconder el cuerpo de su víctima, los tres asesinos lo llevaron fuera de la ciudad para enterrarlo en un lugar desconocido.

♫ Columna de Armonía

*El Venerable Maestro que interpreta el papel de Hiram es llevado por el Venerable Maestro Gran Experto, el recipiendario y si es necesario con la ayuda de otro Hermano, hasta el cenotafio, lugar en el que quedará acostado, con la cabeza un poco elevada, colocada sobre un cojín; tendrá la pierna derecha doblada en escuadra; la rodilla izquierda ligeramente elevada, el brazo izquierdo extendido y el derecho también plegado en forma de escuadra, con la mano sobre el corazón; finalmente le cubrirán con una tela negra, sobre la cual se coloca una rama de acacia.*

*El recipiendario permanecerá cara al Occidente, para que no conozca a dónde ha sido llevado el cuerpo de Hiram.*

### EL MUY RESPETABLE

Al día siguiente, la desaparición del arquitecto y las manchas de sangre encontradas en el Templo descubrieron el crimen. Los Maestros se encontraron en el lugar de reunión que cubrieron de negro y, tras desahogar su dolor, juraron no ahorrar esfuerzos en la búsqueda del cuerpo de su infortunado jefe y darle una sepultura digna de él. No lo lograron sino tras una búsqueda que duró varios días.

*Tras una PAUSA:*

Compañero, ponte a buscar el cuerpo de Hiram igual que lo hicieron los primeros Maestros.

Venerable Maestro Gran Experto, invitad al recipiendario a acompañaros y haced vuestras averiguaciones en los cuatro puntos cardinales comenzando por el Norte.

*El Gran Experto y el recipiendario dan la vuelta lentamente alrededor del Templo comenzando por el Norte.*

♫ Columna de Armonía

*Una vez que han llegado al punto de partida:*

**EL GRAN EXPERTO**

Muy Respetable, nuestra búsqueda ha sido en vano.

**EL MUY RESPETABLE**

Venerable Maestro Gran Experto, haceos acompañar por otro Maestro y, todos juntos, haced una nueva búsqueda dirigiéndose hacia el Mediodía.

♫ Columna de Armonía

*Cuando la segunda búsqueda ha terminado:*

**EL GRAN EXPERTO**

Muy Respetable, nuestra búsqueda ha sido, una vez más, en vano.

**EL MUY RESPETABLE**

Venerable Maestro Gran Experto, uniros a otro Maestro más y volved a empezar vuestra búsqueda poniendo cuidado y siendo más minuciosos.

*El Venerable Maestro Gran Experto, los dos Maestros y el recipiendario dan tres vueltas y se detienen cada vez que llegan al punto de partida.*

♫ Columna de Armonía

*Tras la primera vuelta:*

**EL GRAN EXPERTO**

Hermanos, veo un montículo cuya tierra parece que ha sido removida.

**EL PRIMER VIGILANTE**

Avanzad hacia ese lugar.

♫ Columna de Armonía

*Tras la segunda vuelta:*

**EL GRAN EXPERTO**

Hermanos, sobre el montículo veo una rama de acacia.

**EL PRIMER VIGILANTE**

Acercaos más. Este nuevo indicio me hace presentir que estáis llegando al final de vuestra búsqueda.

♫ Columna de Armonía

*Tras la tercera vuelta:*

**EL PRIMER VIGILANTE**

Esta rama de acacia probablemente ha sido plantada sobre el montículo por los asesinos de Hiram para reconocer el lugar donde enterraron el cadáver.

*Hecho esto, el Muy Respetable abandona el Debhir y se coloca ante el cenotafio*

**EL MUY RESPETABLE**

Compañero, arranca la rama de acacia y tenla en tu mano.

Hermanos, antes de que las pesquisas vayan más lejos, dado que es posible que la palabra sagrada y el signo de Maestro hayan sido usurpados por los asesinos de Hiram, os propongo que la primera palabra que se pronuncie y el primer signo que se haga al descubrir el cuerpo de Hiram sean en adelante la palabra sagrada y el signo de Maestro.

Removed la tierra, Hermanos míos.

*Se levanta la tela mortuoria que recubre a Hiram. Después, el Muy Respetable, inclinándose hacia el cenotafio y haciendo el gesto de tocar lo que encuentra, dice en un tono doloroso:*

M∴B∴, la carne se desprende de los huesos.

### LOS MAESTROS

*Los Maestros que asisten al Venerable Maestro Gran Experto repiten sucesivamente:*

M∴B∴, la carne se desprende de los huesos.

### EL GRAN EXPERTO

Aquí está el cadáver de nuestro Maestro Hiram.

¡Dolor! Dolor! ¡Dolor!

### LOS MAESTROS

*Los asistentes del Venerable Maestro Gran Experto repiten sucesivamente.*

¡Dolor! ¡Dolor! ¡Dolor!

### EL MUY RESPETABLE

Hermano Compañero, levanta el cuerpo de nuestro Maestro Hiram con el toque de Aprendiz.

*El recipiendario se inclina sobre el cuerpo del Maestro Hiram y le hace el toque de Aprendiz.*

Hermano Compañero, inténtalo de nuevo con el toque de Compañero.

*El recipiendario se inclina sobre el cuerpo del Maestro Hiram y le hace el toque de Compañero.*

Has de saber que sin mí no puedes hacer nada, pero que juntos lo podemos todo.

*El Muy Respetable coloca el pie derecho contra el pie de Hiram, rodilla contra rodilla; con su mano derecha toma la del Maestro de manera tal que las palmas queden una frente a otra, pasándole al tiempo el brazo*

*izquierdo tras el hombro izquierdo, de forma tal que queden colocados abdomen contra abdomen. Le levanta con la ayuda del recipiendario y le dice al oído al tiempo que le abraza: M∴B∴*
*El Hermano que representa a Hiram vuelve discretamente a su sitio y el Muy Respetable regresa al Debhir, y cuando ya está en su mesa:*

Basta, Hermanos. Pongamos fin a nuestro dolor. Nos queda la acacia,

que será para nosotros un signo de reconocimiento. Es el emblema de las sociedades humanas que, tras haber sufrido un larga opresión, reviven gracias a la libertad.

*La cortina de separación se retira y aparece el Debhir resplandeciente.*

Venerable Maestro de Ceremonias, lleva al recipiendario a su sitio y que deje la acacia sobre mi mesa.

Compañero, ha llegado el momento de explicarte la enseñanza moral de la leyenda de Hiram en la que nuestros maestros se reconocen.

Hiram representa al hombre justo, comprometido con sus obligaciones, que cumple incluso con peligro para su vida.

La actitud de Hiram ante sus asesinos nos muestra que el masón debe estar preparado para todos los sacrificios antes que incurrir en la cobardía y fallar en el cumplimiento de su deber.

Hiram renace así en sus discípulos y, particularmente, en el Maestro que va a ser iniciado como tal. Es importante, en consecuencia, que cada uno se aplique en el perfeccionamiento de la humanidad. Se sobrevive a través de la propia obra: Los esfuerzos encaminados al bien nunca se pierden y, a lo largo de los siglos, se logra el progreso gracias al trabajo de los Sabios desaparecidos.

Los tres malos Compañeros representan tres vicios temibles: La ignorancia, el fanatismo y la hipocresía.

Los tres Maestros que, uniendo su esfuerzo, encuentran el cadáver de Hiram tras una laboriosa búsqueda, representan las tres virtudes opuestas a esos vicios: el trabajo constante, la más grande tolerancia, la perfecta lealtad. Representan al tiempo la eficacia de la unión de perseverancia y disciplina libremente consentida.

Hermano N... ahora conoces los principios ¿Quieres trabajar con nosotros en esta obra y en el logro de nuestro objetivo?

*Cuando el recipiendario ha respondido afirmativamente:*

### EL MUY RESPETABLE

¡En pie y al Orden, Venerables Maestros!

Venerable Maestro de Ceremonias, trae al recipiendario hasta las escaleras que conducen al Debhir para que preste promesa a su Obligación.

*El recipiendario es llevado hasta el Debhir. Una vez hecho:*

Compañero, extiende la mano derecha por encima de la rama de

acacia. Voy a leerte la fórmula de tu Compromiso. Dirás a continuación: "Lo prometo".

*"Me comprometo a ser un ejemplo para los Compañeros y Aprendices así como a instruirlos.*

*Prometo trabajar por la emancipación intelectual y moral de la humanidad.*

*Prometo, asimismo, no revelar a nadie nada relacionado con los símbolos o el*

*Rito del grado de Maestro".*

¿Lo prometes, Hermano N...?

*La promesa ha de ser hecha por cada recipiendario individualmente.*
*Una vez que el recipiendario ha respondido "Lo prometo":*

### EL MUY RESPETABLE

Tomo en cuenta vuestra promesa.

*El Muy Respetable toma su espada con la mano izquierda y la levanta por encima de la cabeza del recipiendario; con la mano derecha sostiene el mallete y pronuncia la fórmula siguiente:*

En el nombre y bajo los auspicios del (*Nombre de la organizacion masonica*), Potencia Simbólica Soberana, en virtud de los poderes que me han sido conferidos, te declaro, te constituyo y te reconozco como Maestro Masón, pudiendo disfrutar de la plenitud de derechos masónicos.

*El Muy Respetable da con su mallete los nueve golpes simbólicos sobre la hoja de la espada.*

*Esta investidura se hace individualmente a cada recipiendario.*

*Luego, cuando ha vuelto a su sitio y dejado la espada:*

Venerable Maestro Gran Experto, da, en mi nombre y en el de todos los Maestros presentes en la Cámara del Medio, un abrazo al nuevo Maestro.

*Una vez hecho:*

Venerable Maestro de Ceremonias, reviste a nuestro nuevo Maestro de sus insignias.

*Una vez que el nuevo Maestro ha sido revestido con las insignias correspondientes:*

### EL MUY RESPETABLE

Venerable Maestro Gran Experto, vamos a proceder a la instrucción del nuevo Maestro ¿Cómo se hacen reconocer los Maestros?

### EL GRAN EXPERTO

Los Maestros se hacen reconocer por dos palabras, un signo y un toque.

### EL MUY RESPETABLE

Danos la palabra de paso.

### EL GRAN EXPERTO

La palabra de paso es G∴, significa obrero de cantera y excelente masón. Es el nombre de una montaña de los alrededores de Jerusalén.

### EL MUY ESPETABLE

Danos la palabra sagrada.

*Siempre en voz baja:*

**EL GRAN EXPERTO**

La palabra sagrada es M∴B∴, significa: la carne se desprende de los huesos.

**EL MUY RESPETABLE**

Venerable Maestro Gran Experto, haz el signo ordinario:

*El Venerable Maestro Gran Experto se pone al Orden de Maestro. Una vez hecho:*

El Orden de Maestro afirma la rectitud y el derecho a la justicia.

Venerable Maestro Gran Experto, haz el signo de horror:

*El Venerable Maestro Gran Experto hace el Signo de horror. Una vez hecho:*

Este signo nos recuerda el sentimiento de horror que se adueñó de los

Maestros cuando encontraron el cuerpo de Hiram.

Venerable Maestro Gran Experto, ¿qué hace el Maestro Masón cuando está en peligro?

**EL GRAN EXPERTO**

Hace la señal de
peligro, gritando:
A∴M∴L∴H∴D∴L∴V∴

*El Venerable Maestro Gran Experto une a los gestos la expresión.*

**EL MUY RESPETABLE**

Este supremo llamamiento no debe hacerse sino en casos extremos, cuando la vida se halla en verdadero peligro.

Decimos A∴M∴L∴H∴D∴L∴V∴ porque nos consideramos hermanos de Hiram, quien era hijo de una viuda.

Venerable Maestro Gran Experto ¿qué edad tienes

**EL GRAN EXPERTO**

Siete años y más.

### EL MUY RESPETABLE

Decimos esto porque el número siete, característico de la maestría, acredita que el Maestro ha recibido las enseñanzas de la Francmasonería simbólica.

Venerable Maestro Orador, ¿sobre qué trabajan los Maestros?

### EL ORADOR

Muy Respetable, sobre la mesa de dibujo.

### EL MUY RESPETABLE

Esto significa que deben levantar planos con la mayor perfección posible, para dar así a Compañeros y Aprendices instrucciones y pareceres útiles que permitan desarrollar en ellos el amor hacia lo verdadero y el bien.

Venerable Maestro Primer Vigilante, si se perdiera un Maestro ¿dónde se le podría encontrar?

### EL PRIMER VIGILANTE

Entre la escuadra y el compás que son los emblemas de la justicia y la verdad.

### EL MUY RESPETABLE

Venerable Maestro Segundo Vigilante ¿cómo viajan los Maestros?

### EL SEGUNDO VIGILANTE

De Oriente a Occidente, del Mediodía al Norte, sobre toda la superficie de la tierra para difundir la luz y juntar lo disperso.

### EL MUY RESPETABLE

Venerable Maestro de Ceremonias y Venerable Maestro Gran Experto, conducid al nuevo Maestro entre columnas.

*El Maestro de Ceremonias abre la marcha seguido por el recipiendario.*

*Cierra la marcha el Gran Experto.*

*Una vez hecho,*

*el Muy Respetable da un golpe con el mallete*

¡En pie y al Orden! Venerables Maestros Primer y Segundo Vigilantes, invitad a los Hermanos que decoran vuestras columnas a reconocer en adelante como Maestro Masón al hermano *N*..., presente entre columnas y a aplaudir su aumento de salario con la batería del grado.

### EL PRIMER VIGILANTE

Venerable Maestro Segundo Vigilante, Hermanos que decoráis la columna del Mediodía, estáis invitados por el Muy Respetable y por mí mismo, a reconocer como Maestro Masón al Hermano *N*..., presente entre columnas y a aplaudir su aumento de salario con la batería del grado.

### EL SEGUNDO VIGILANTE

Venerables Maestros que decoráis la columna del Norte, estáis invitados por el Muy Respetable, por el Venerable Maestro Primer Vigilante y por mí mismo, a reconocer como Maestro Masón al Hermano *N*..., presente entre columnas y a aplaudir su aumento de salario con la batería del grado.

### EL MUY RESPETABLE

A mí, Hermanos míos, por el signo ordinario, la batería y la aclamación:

**¡Libertad, Igualdad, Fraternidad!**

Tomad asiento, Hermanos.

*Tras una PAUSA que permita conducir al Maestro de Ceremonias y al Gran Experto conducir al recipiendario a la columna su elección.*

Venerable Maestro Orador, tienes la palabra.

### EL ORADOR

*Discurso del Orador.*

*Hecho esto:*

Muchas gracias, Venerable Maestro Orador.

# CIERRE DE LOS TRABAJOS



### EL MUY RESPETABLE

El orden del día se ha terminado, si los Maestros piden la palabra en interés de la Orden en general o de esta Logia en particular, les será concedida.

*Tras las intervenciones:*

### EL PRIMER VIGILANTE

Muy Respetable, las columnas están mudas.

### EL MUY RESPETABLE

Venerable Maestro de Ceremonias y Venerable Maestro Hospitalario, haced circular los troncos.

*Una vez hecho:*

### EL PRIMER VIGILANTE

Muy Respetable, el saco de proposiciones y el tronco de la Viuda están a tu disposición.

### EL MUY RESPETABLE

Traédmelos.

El saco de proposiciones ha vuelto vacío (o con una proposición) y el tronco hospitalario cargado con una piedra que será contabilizada por el Hermano Hospitalario.

*El Muy Respetable da un golpe de mallete*

*repetido por el Primer Vigilante*

*luego por el Segundo Vigilante*

### EL MUY RESPETABLE

Venerable Maestro Primer Vigilante, ¿a qué hora se cierran los trabajos en la Cámara del Medio?

### EL PRIMER VIGILANTE

A medianoche, Muy Respetable.

### EL MUY RESPETABLE

¿Y qué hora es, Venerable Maestro Segundo Vigilante?

### EL SEGUNDO VIGILANTE

Es medianoche, Muy Respetable.

### EL MUY RESPETABLE

Puesto que es la hora del descanso, Venerables Maestros Primer y Segundo Vigilantes, invitad a los Venerables Maestros que decoran vuestras respectivas columnas a unirse a vosotros y a mí para cerrar los trabajos de la Cámara del Medio de la Respetable Logia..., Oriente..., en la forma acostumbrada.

### EL PRIMER VIGILANTE

Venerable Maestro Segundo Vigilante, Venerables Maestros de la columna del Mediodía, estáis invitados por el Muy Respetable y por mí a uniros a nosotros para cerrar los trabajos de la Cámara del Medio de la Respetable Logia..., Oriente..., en la forma acostumbrada.

### EL SEGUNDO VIGILANTE

Venerables Maestros de la columna del Norte, estáis invitados por el Muy Respetable, por el Venerable Maestro Primer Vigilante y por mí a cerrar los trabajos de la Cámara del Medio de la Respetable Logia..., Oriente..., en la forma acostumbrada.

### EL MUY RESPETABLE

*El Muy Respetable da los golpes simbólicos*

*repetidos por el Primer Vigilante*

*y después por el Segundo Vigilante*

### EL MUY RESPETABLE

¡En pie y al Orden!

A mí Venerables Maestros, por el signo ordinario, el signo de horror, la batería y la aclamación.

¡Libertad - Igualdad - Fraternidad!

Venerable Maestro de Ceremonias, Venerables Maestros Gran Experto y de la Columna de Armonía, cumplid con vuestros Oficios.

*Hecho esto:*

Los trabajos de la Cámara del Medio están cerrados, retirémonos en paz, Hermanos, bajo la ley del silencio

## *INTERVENCIÓN DEL ORADOR*

*El Orador tiene la posibilidad de leer o no este texto*

Hermano, los Compañeros no hicieron más que cometer su crimen y sentir al tiempo todo su peso. Para borrar las huellas en la medida de lo posible, llevaron el cuerpo de Hiram lejos del lugar de trabajo y lo enterraron en una fosa hecha a toda prisa, prometiéndose volver para recuperarlo tan pronto como tuvieran oportunidad para ello y llevarlo más lejos. Para reconocer fácilmente el lugar plantaron una rama de acacia.

Los Maestros se dieron cuenta enseguida de la ausencia de Hiram y avisaron a Salomón que, para sofocar su inquietud, ordenó la búsqueda.

Tres Maestros salieron por la puerta del Norte, tres por la puerta del Mediodía y otros tres por la de Occidente. Convinieron no alejarse unos de otros más allá de la distancia que pudiera alcanzar su voz. Cuando se levantó el Sol, uno de ellos se dio cuenta de una nube de vapor que se elevaba en el campo y a cierta distancia; este fenómeno llamó su atención; avisó a los otros Maestros y todos se acercaron al lugar del que salía el vapor. A primera vista observaron una pequeña elevación, un montículo, y reconocieron que la tierra había sido removida hacía poco, lo que les hizo sospechar. La rama de acacia que cedió al primer tirón no les permitió dudar sobre su utilidad como marca para reconocer el lugar: Se pusieron a excavar y pronto hallaron el cuerpo de nuestro Respetable Maestro, ya corrupto, dándose cuenta de que había sido asesinado.

Temieron que los asesinos, a base de tormentos, hubieran arrancado a Hiram la confesión de los signos y palabras de Maestro: Acordaron en consecuencia que la primera palabra que saliera de sus bocas con ocasión de la exhumación, sería en adelante el signo y la palabra de reconocimiento entre los Maestros.

Se vistieron con mandiles y guantes de piel blanca para probar que no habían manchado sus manos con sangre, y designaron a uno de ellos para que fuera junto a Salomón a informarle del hallazgo del cuerpo de Hiram.

Salomón, enterado del horrible crimen que le había privado de un amigo y del director de los trabajos a cuya perfección había dirigido toda su ambición, sufrió el más intenso dolor y juró hacer justicia ante tan siniestro crimen.

Mandó guardar luto entre todos los obreros del Templo. Envió Maestros para exhumar con ceremonia el cuerpo; hizo celebrar un magnífico funeral para luego enterrarle en una tumba de tres pies de ancho, cinco de profundidad y siete de largo. Hizo asimismo colocar encima un triángulo de oro puro y ordenó que las palabras, el signo y el toque serían modificados, sustituyéndolos por aquellos otros convenidos por los nueve Maestros.

Te resultará fácil encontrar ahora la analogía entre las pruebas por las que acabas de pasar y el relato histórico de los hechos y circunstancias de las que son símbolo.

Por poco que hayas reflexionado sobre las distintas circunstancias que han acompañado tu recepción a los grados a los que has sido admitido, quizá hayas remarcado la existencia de algunos puntos que parecen contradecirse, o al menos de no guardar entre ellos una perfecta relación; no saques todavía ninguna conclusión sobre esto. La diversidad tiene su causa en los diferentes fines que los tres primeros grados representan para ti. Se trata de los puntos fundamentales de todos los conocimientos masónicos. Comprobarás seguidamente, a base de estudiar y buscar, que estas aparentes contradicciones se desvanecen. La reunión de todos los conocimientos te presentará un conjunto unido, ininterrumpido, satisfactorio y destinado a llevarte hacia los fines más elevados. Es más que suficiente que la

Ordene te haya indicado el camino que tu has elegido seguir.

Has sido tratado como sospechoso; esto alude a los profanos enemigos de nuestra Orden que la calumnian sin conocerla y contra los que debemos replicar para rechazar sus dardos y explicarles con el fin de conducirles a sentimientos más moderados.

Desde que te has explicado, poco han tardado tus Hermanos en darte nuevas muestras de amistad, admitiéndote a participar en sus trabajos; desde ese momento, has llegado al interior.

Los recorridos y viajes simbolizan la investigación del crimen y apuntan también al estado errante y vagabundo del criminal que busca en vano escapar al remordimiento y al justo castigo. La marcha es el símbolo de los esfuerzos que hizo Hiram para librarse de los golpes de los asesinos.

Los tres golpes que has recibido representan los que él recibió; deben hacerte sentir el peligro de tres pasiones funestas ante las cuales el ser humano permanece a menudo ciego: el orgullo, la envidia y la avaricia.

Estas pruebas continúan siendo el símbolo de la elevada importancia de nuestras enseñanzas; tienen que convencernos de que siempre, en todo lugar, en toda circunstancia, debemos estar preparados para sufrir como nuestro Respetable Maestro Hirram, antes que revelar nuestras enseñanzas y faltar al cumplimiento de nuestras obligaciones. Siguen siendo emblemas alegóricos de una infinidad de conocimientos que sólo un estudio profundo puede procurarte.

Has alcanzado ahora los siete años, tercer número perfecto de la Masonería; es así como has obtenido la edad de tu grado: guárdate de manchar el número de perfección con el que has sido investido.

Otros pasos pueden serte propuestos algún día. Has de saber que en modo alguno son superiores a la Maestría

# MEMENTO DEL TERCER GRADO

**ORDEN:** El brazo derecho plegado en escuadra; la mano derecha abierta, mantenida horizontalmente, con índice, medio, anular y meñique extendidos y juntos, con el pulgar formando escuadra -, apoyada por la palma sobre la parte izquierda del pecho, por debajo del pectoral.   El brazo izquierdo pende a lo largo del cuerpo.

**SIGNO ORDINARIO:** En esa posición, desplazar la mano derecha en sentido horizontal, y dejarla caer perpendicularmente sobre la cadera derecha.

**SIGNO DE HORROR:** Estando al orden, elevar las dos manos sobre la cabeza, las palmas hacia delante, los dedos extendidos y separados. Hacer un movimiento de pecho y brazos hacia atrás, y luego enderezar el busto y dejar caer los dos brazos.

**SIGNO DE PETICIÓN DE SOCORRO:** Llevar la pierna derecha detrás de la izquierda, inclinar el pecho hacia atrás, habiendo puesto sobre la cabeza las dos manos, juntas, con sus dedos entrelazados, las palmas hacia arriba, y gritar: "A∴M∴L∴H∴D∴L∴V∴"

**TOQUE:**

1   – Tomarse mutualmente la mano derecha y formar una garra con los dedos, a fin de aferrar la palma.

2   - Colocar recíprocamente la mano izquierda sobre el

hombro derecho.

3    – Aproximar cada pie derecho al otro, por el costado interior.

4    - Hacer que se toquen las dos rodillas derechas

5 – Posicionar pecho contra pecho.

Habiendo establecido el contacto de los "cinco puntos perfectos de la Franc-Masonería", se pronuncian alternativamente las tres sílabas de la palabra sagrada, volviendo a entrelazar las manos.

**PALABRA SAGRADA:** Comienza por una M∴ Significa "la carne se desprende de los huesos"

**PALABRA DE PASO:** Comienza por G∴ (Nombre de una montaña)

**MARCHA:** La de Compañero seguida de dos pasos oblicuos, el primero a derecha; el segundo, a izquierda (como por pasar sobre un féretro, en uno y otro sentido), y por un paso de reencuentro en la línea media.

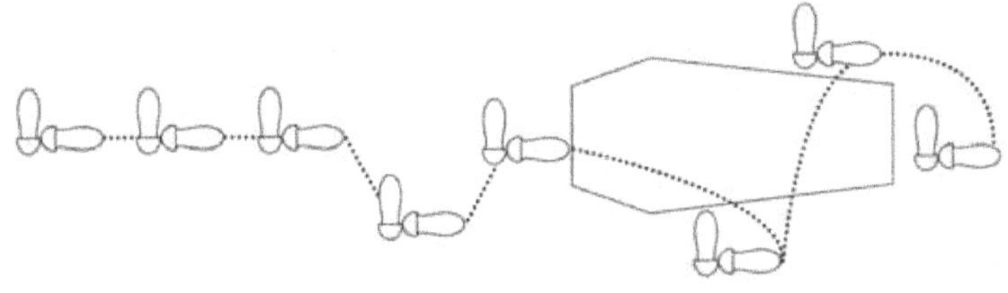

**BATERÍA:** La de Aprendiz repetida tres veces:

**ACLAMACIÓN:** Como en el primer grado.

**EDAD:** Siete años y más

**INSIGNIAS:**

1º Mandil blanco, bordado en azul, que tiene en su centro

las letras M.B., también en azul.

2º Banda azul tornasolada, llevada en diagonal de derecha a izquierda, teniendo en su parte baja una roseta roja, de la que pende una joya formada por una escuadra sobre la cual se halla, cruzándola, un compás
abierto a 25 grados.

3º Guantes blancos

# INSTRUCCIÓN DEL TERCER GRADO

*Nota: las respuestas impresas en itálica se han de dar textualmente.*

*Pregunta*: ¿Eres Maestro?

*Respuesta*: *Probadme, conozco la acacia.*

*P*        ¿Dónde has sido recibido?

*R*        En la Cámara del Medio.

*P*        ¿Cómo llegaste allí?

*R*        Por una escalera que subí por tres, cinco y siete.

*P*        ¿Qué viste al entrar?

*R*        Horror, duelo y tristeza.

*P*        ¿No viste nada más?

*R*        Una leve luz iluminando la tumba de nuestro

Respetable Maestro.

*P*      ¿Cómo era de grande la tumba?

*R*      De tres pies de ancho, cinco de profundidad y siente de largo.

*P*      ¿Qué había encima?

*R*      Una rama de acacia.

*P*      ¿Qué fue lo que te sucedió?

*R*      Se me consideró sospechoso de un horrendo crimen.

*P*      ¿Qué te dio tranquilidad?

*R*      Mi inocencia.

*P*      ¿Cómo fuiste recibido?

*R*      Pasando de la escuadra al compás.

*P*      ¿Qué buscabas siguiendo ese camino?

*R*      La palabra del Maestro, que se había perdido.

*P*      ¿Cómo se perdió?

**R**     Por culpa de tres fuertes golpes bajo los que sucumbí.

**P**     ¿Quién te socorrió?

**R**     La mano que me había golpeado.

**P**     ¿Qué aprendiste?

**R**     Supe de las circunstancias que rodearon la muerte de nuestro Respetable Maestro Hiram, que fue asesinado en el Templo por tres Compañeros que querían arrancarle la palabra de Maestro o quitarle la vida.

**P**     ¿Qué hicieron los Maestros para reconocerse tras la muerte de nuestro Respetable Maestro Hiram?

**R**     Acordaron que la primera palabra que pronunciasen y el primer signo que hicieran en el momento de encontrar el cuerpo de Hiram, sustituirían la palabra y signo antiguos.

**P**     ¿Cuáles fueron los indicios que permitieron descubrir el cuerpo de nuestro Respetable Maestro?

**R**     El aspecto que presentaba la tierra removida recientemente y una rama de acacia.

**P**     ¿Qué se hizo con el cuerpo tras haberlo encontrado?

**R**     Salomón le hizo enterrar con gran ceremonia.

*P*     ¿Quién era el Maestro Hiram?

*R*     Era de Tiro, hijo de una viuda de la tribu de Nephtalí.

*P*     ¿Cuál es el nombre de un Maestro Masón?

*R*     GABAON

*P*     ¿Cómo viajan los Maestros?

*R*     De Occidente a Oriente y sobre toda la superficie de la tierra.

*P*     ¿Por qué?

*R*     *Para expandir la luz y juntar lo que está disperso.*

*P*     ¿Sobre qué trabajan los Maestros?

*R*     *Sobre la mesa de dibujar* (o bien: *sobre la plancha de trazar*).

*P*     ¿Dónde reciben su recompensa?

*R*     En la Cámara del Medio.

*P*     ¿Qué significan las nueve estrellas?

*R*     El número de Maestros enviados a buscar el cuerpo de Hiram.

*P*     Si se perdiera un Maestro ¿Dónde lo encontraríamos?

*R*     *Entre la escuadra y el compás.*

*P*     ¿Cuáles son las verdaderas señas de un Maestro?

*R*     La palabra y los cinco puntos perfectos de la maestría.

*P*     Si un Maestro se encuentra en una  situación
de peligro para su vida ¿qué debe hacer?

*R*     El signo de peligro, diciendo : A∴M∴L∴H∴D∴L∴V∴

*P*     ¿Cómo se hace?

*R*     (Lo hace)

*P*     ¿Por qué se dice H∴D∴L∴V∴?

*R*     Porque todos los Masones se dicen hermanos
de Hiram, que era hijo de una viuda.

*P*     ¿Cuál es la edad de un Maestro?

R       *Siete años y más.*

P       ¿Por qué dices siete años y más?

R       Salomón empleó siete años y más en la construcción del Templo.

P       ¿Cuál es la palabra de paso?

R       G∴

P       ¿Qué significado tiene?

R       Es el nombre de la montaña de la que Salomón hizo extraer la piedra para la construcción del Templo.